L²ₙ
41584

AMBROISE TARDIEU

HISTORIOGRAPHE DE L'AUVERGNE

PAR

FELIX RIBEYRE

MACON
PROTAT FRÈRES, IMPRIMEURS
1893

Ln 27 Remplaçant
41584

Portrait gravé en 1877.

AMBROISE TARDIEU
né à Clermont-Ferrand, le 3 avril 1840.

AMBROISE TARDIEU

HISTORIOGRAPHE DE L'AUVERGNE

PAR

FÉLIX RIBEYRE

MACON
PROTAT FRÈRES, IMPRIMEURS

1893

CHARLES-GILBERT TARDIEU   MARIE PEYRONNET
(D'après deux peintures sur toile de 1841.)

'est à Clermont-Ferrand, le 3 avril 1840, dans une antique maison de la rue St-Genès, à l'angle de la rue St-Esprit, et dans l'appartement qu'habita, plus tard, le ministre de l'instruction publique, M. Mège, qu'est né Ambroise Tardieu.

Voici un érudit sérieux, de ceux qui ne font pas un bruit d'intrigue et de réclame. Il n'aime guère qu'on parle de lui; mais nous tenions à écrire ces lignes sur le travailleur infatigable de l'histoire de l'Auvergne qui vit comme un bénédictin retiré du monde, se souciant peu du qu'en dira-t-on, prenant, en cette circonstance, cette devise : « Fais ce que dois; advienne que pourra. »

Ambroise Tardieu est le fils de M. Charles-Gilbert Tardieu, ingénieur civil des plus distingués et avocat, auteur d'inventions de premier ordre, l'un des créateurs du chemin de fer de Clermont-Tulle et le bienfaiteur du pays d'Herment où il résidait, et de Mlle Marie Peyronnet, femme remarquable et par sa rare intelligence, son noble caractère et les traditions de la vraie urbanité française (voir les deux portraits qui se trouvent en tête). Après avoir fait ses études à Clermont-Ferrand, il les termina à Paris, au lycée Bonaparte; mais, poussé par une vocation surprenante pour les annales de la vieille Auvergne, il abandonna de brillantes carrières; car il eût pu, mieux que bien d'autres, remplir des fonctions élevées et préféra suivre, encouragé par ses père et mère, la voie difficile de l'érudition. Chose à dire et bien extraordinaire, à 11 ans (le croirait-on?) il avait écrit, déjà, une petite Histoire manuscrite de la ville d'Herment où il avait passé ses premières années... Il fut reçu à l'Académie de Clermont-Ferrand, à 22 ans (fait, peut-être, unique dans les réceptions de cette Société savante, depuis 1767, date de son origine), et, la même année, il obtint, de la même Société, une grande médaille d'or pour l'Histoire de l'abbaye de l'Éclache, résultat d'un concours archéologique.

A 23 ans (1863), il publia un in-folio, vraiment merveilleux et monumental, l'*Histoire généalogique de la maison de Bosredon, en Auvergne;* à 26 ans, un magnifique in-4°, l'*Histoire de la ville et du pays d'Herment.* Les journaux de Clermont-Ferrand firent l'éloge et du jeune auteur et de ses beaux volumes. Nous ne le suivrons pas dans la liste chronologique de ses publications qui, au surplus, terminera cette notice biographique.

Depuis 1866, plus que jamais, absorbé par l'érudition, il a renoncé, comme on dit, au monde et à ses faveurs. Levé à 6 heures du matin, il travaille, souvent, bien avant, dans la nuit, et produit, depuis, une série d'œuvres considérables sur l'Auvergne, qui le font qualifier, par tous les savants et à bon droit, comme l'historiographe de cette belle province. De tous côtés, soit en France, soit en Europe, il reçoit des lettres, les unes de félicitations, les autres de correspondance archéologique, et se crée des amitiés avec les plus grands savants lointains qui lui sont restés fidèles. Les principales Académies, de France et de l'étranger, l'admettent dans leur sein : la grande Académie royale d'histoire de Madrid, en 1883 ; le célèbre Institut archéologique d'Allemagne, la même année. Les Académies de Toulouse, Marseille, Rouen, Nancy, Hippone, une grande Académie de St-Pétersbourg, etc., etc., le reçoivent avec empressement.

En 1881, le comte d'Hérisson qui l'avait remarqué et qui est bien connu par ses curieuses publications, chargé d'une mission officielle archéologique en Tunisie, le désigne, au ministre de l'Instruction publique, comme secrétaire de cette belle expédition savante. M. Tardieu dirige, alors, avec 100 ouvriers, les fouilles si curieuses de la ville d'Utique, près de Tunis où l'on découvre plus de 6.000 objets antiques. Revenu à Herment (Puy-de-Dôme), au mois de mai 1881, et poussé par son savant père, il entreprend avec M. Boyer (de Volvic), un archéologue, d'Auvergne, près de ce chef-lieu de canton, d'autres fouilles, sur un territoire appelé *Beauclair*, où il ne tarde pas à découvrir une ville gallo-romaine, détruite au milieu du IIIe siècle par les Vandales. Les ouvriers mirent à nu les fondations et les peintures murales d'un temple. Cette découverte fit un bruit énorme dans le monde savant et valut à l'intelligent archéologue des centaines de lettres écrites par les noms les plus illustres, d'Angleterre, d'Autriche, d'Italie, d'Allemagne, de France, etc. Beauclair était une station romaine de la célèbre carte de Peutinger et mettait en lumières, par ses découvertes, un point obscur de la science.

Depuis 1883 jusqu'en 1885, Ambroise Tardieu accomplit, en Italie, en Autriche, en Hongrie, en Espagne, etc., des voyages d'art et d'archéologie. Chaque année, il publia le récit de ses curieuses études en pays étranger. Son volume, *Trois mois à Venise*, est très remarqué, ainsi que son *Voyage en Autriche et en Hongrie* ; son *Voyage artistique en Espagne* lui valut une décoration, demandée et obtenue par l'Académie d'histoire de Madrid, elle-même, à la reine d'Espagne.

En 1886, Ambroise Tardieu fonda, à Herment, loin d'un grand centre et écrivit, *seul*, avec un succès incroyable — je dis *incroyable* ; car il est de fait que c'est un tour de force —; il fonda, dis-je, l'*Auvergne illustrée*, revue historique, archéologique et artistique; ornée de 450 gravures (portraits anciens, monuments, curiosités, objets d'art ayant tous trait à l'Auvergne). Le succès, nous le répétons, couronna l'œuvre hardie. Un nombre considérable d'abonnés soutinrent cette belle revue, *trois années*. On s'abonna, sur la réputation, seule, de l'auteur. Elle existerait encore, si le savant directeur n'avait été obligé de s'absenter en Afrique.

En 1889, il se rendit, en effet, à Constantine (Algérie) qu'il étudia; puis à Batna (Algérie) et à Lambèse, Thimgad, ce qui amena la publication d'un précieux in-12, « *De Paris au Sahara* », édité à Batna même (1890) et donnant la description de la ville romaine de Thimgad, découverte depuis peu d'années, la *Pompéi algérienne*.

Voici 30 ans que M. Ambroise Tardieu publie sans relâche ! Il a dépensé plus de *100.000* francs pour ses divers volumes. Il faut un grand courage; car, si le succès a couronné ses œuvres, avec une fortune modeste, il a réalisé un problème difficile : faire beau, beaucoup et être soutenu par de vives sympathies...

Ambroise Tardieu a réuni, dans son habitation d'Herment (Puy-de-Dôme), où il a écrit tant de splendides éditions, un musée précieux (tableaux, curiosités, objets d'art). Quantité de choses rares et de la région sont, là, accumulées et étonnent les visiteurs! On y voit la plus belle suite de portraits gravés, de personnages nés à Paris (environ 6.000), qui existe en France et qui lui a coûté beaucoup de recherches et bien des pièces d'or. A Herment, dans ce vieux logis, qui ressemble à un antique monastère, on trouve aussi une bibliothèque de 5.000 volumes (histoire, art, archéologie).

Ambroise Tardieu est doué d'une mémoire prodigieuse. C'est un répertoire vivant de chronologie du moyen âge. Son Auvergne lui est connue par des milliers de noms et de faits que lui seul possède. Ce qui lui sert, surtout, c'est une méthode rare et sûre pour tout ce qu'il édite. Il dessine le paysage et les objets antiques avec une facilité surprenante. Il possède une suite de ses albums, de ses aquarelles et de ses curieux dessins qui feraient la joie des collectionneurs. Nul mieux que lui ne connaît l'art d'illustrer un livre et un manuscrit de lettres ornées du moyen âge. Enfin, puisqu'il faut faire connaître entier notre compatriote, disons qu'il avait une voix qui l'aurait, très probablement, mené droit à l'Opéra. Combien de grands artistes se sont plu à le reconnaître! Nous savons qu'il a quelque peu regretté de n'être pas entré, tout jeune, au Conservatoire. Il eût, peut-être, mal fait; car l'Auvergne aurait perdu un archéologue qui l'a fait connaître et aimer.

Au physique, notre compatriote est vite sympathique, dès qu'on l'approche. En serait-il autrement avec une nature heureuse, ouverte, franche et loyale, où se révèlent tant de précieuses qualités? Mais ce qui le distingue, spécialement, c'est un cœur extraordinaire pour ses amis, pour l'art et pour tout ce qui est malheureux. Certes, ces natures-là sont rares de notre temps. Il faut le voir avec cette figure d'artiste qui le caractérise, ces cheveux touffus et ondulés qui, jadis, passaient pour un modèle et qui, maintenant, ont reçu une abondante neige, quoi qu'il n'ait encore que 53 ans.

Ambroise Tardieu est bienveillant pour tous ses confrères. Il aime à encourager tout ce qui débute et fait preuve de bonne volonté. Il répond volontiers et sans retard aux lettres qu'on lui écrit et qu'il reçoit constamment de tous les points de France. Il lit les chartes; car il est savant paléographe. Musicien, pianiste, voulez-vous savoir ce qu'il adore? La musique de Mozart et les fleurs. En politique, il est l'homme le plus libéral qui se puisse voir; il a horreur de l'injustice et nous disait, un peu découragé, qu'il est effrayé de l'hypocrisie et du mensonge de tant de gens. Avec une vie ainsi remplie, Ambroise Tardieu devait avoir quelques excellents amis dévoués; il en a. Mais il connaît quelques pauvres jaloux, qu'il plaint plutôt qu'il ne cherche à écraser.

Dirons-nous que, plus il avance en âge, plus il a foi dans une vie meilleure ? Il est impossible, s'écrie-t-il, souvent, que l'infini ne révèle ce grand mystère de l'autre vie; il console au milieu des misères et des luttes sans nombre de notre voyage sur terre!

Nous terminerons en disant qu'Ambroise Tardieu affectionne, par dessus tout, sa mère. C'est mon ange gardien, répète-t-il. Jamais on ne saura l'esprit juste et droit, le cœur et les merveilleuses qualités de cette courageuse femme (il a imprimé cela dans l'une de ses dédicaces).

Le doyen des membres actuels de l'Académie de Clermont-Ferrand, l'un des vrais savants de l'Auvergne, M. Emile Thibaud, écrivait ce qui suit, le 8 août 1888, dans le « Journal officiel de Royat » racontant sa visite à Herment et « son curieux interview » avec Ambroise Tardieu, sous ce titre : *Un bénédictin laïque à Herment* :

« La position géographique de cette antique forteresse est au premier abord de si difficile accès que le touriste-archéologue hésite à se lancer dans l'inconnu, malgré l'attrait que peut lui inspirer la belle monographie de l'ancienne baronnie d'Herment pour le sympathique collaborateur du *Journal officiel de Royat*, M. Ambroise Tardieu. Eh bien! ces difficultés d'accès sont très exagérées. D'abord, deux lignes de chemins de fer abrègent les distances, et, si l'on suit la route de terre, sa longueur est bien rachetée par la beauté des sites.

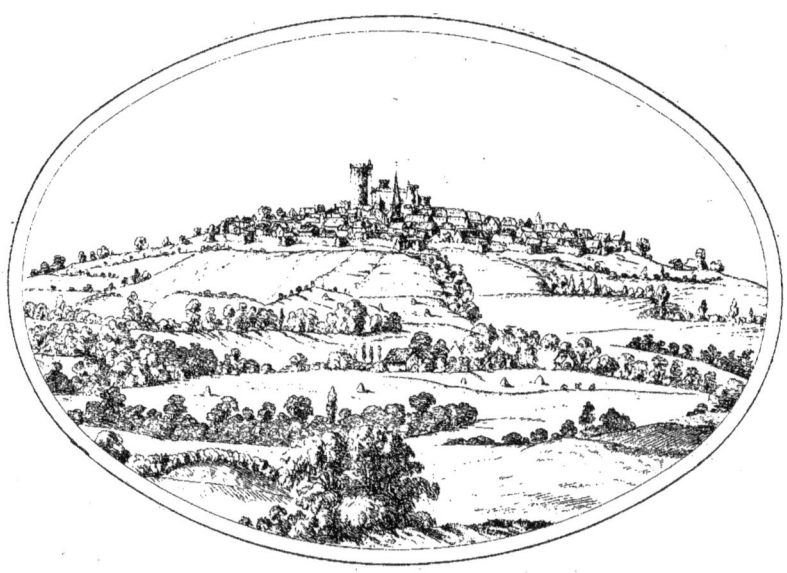

LA VILLE D'HERMENT, EN AUVERGNE (Puy-de-Dôme)
telle qu'elle était en 1350.
L'aspect du paysage actuel est le même, et celui de l'antique chef-lieu de canton
offre la même physionomie, moins le donjon du château féodal,
qui a été démoli en 1799, et le clocher de l'église,
qui a disparu en 1793.

« Mon voyage, à Herment, avait, surtout, pour but une visite à Ambroise Tardieu, retiré comme un ancien bénédictin dans un monastère dont il est le très aimable frère hospitalier. Je l'ai trouvé, ce chercheur infatigable, courbé sur sa table de travail, au milieu de documents qui pour tous autres que lui seraient un dédale inextricable.

« Vous voyez, m'a-t-il dit, je travaille toujours. » En effet, il était occupé à classer une collection unique en son genre : ce sera un livre qu'on pourra nommer : « les Parisiens célèbres ou le livre d'or de la ville de Paris. » L'auteur a recueilli avec une patiente énergie et des dépenses relativement considérables, plus de six mille portraits et notices de Parisiens célèbres, dont un grand nombre ont leurs descendants encore vivants. — Vous ne connaissez pas mes collections, ce que j'appelle mon musée, me dit-il? Voici, d'abord, le résultat de mes fouilles sur l'emplacement reconnu par moi de l'antique station gallo-romaine de Beauclair, contemporaine du temple de Mercure du Puy-de-Dôme, du Panthéon, du Mont-Dore et de tant d'autres restes de la domination romaine en Auvergne. Quelques-uns de mes compatriotes ont élevé des doutes sur l'importance des fouilles que j'ai fait faire sur l'emplacement de Beauclair. Vous allez en juger!.... Sur ce, je pus, en effet, voir et toucher de véritables restes de ces peintures murales indestructibles, comme celles de Pompéi, des vases de la belle époque, des armes, des monnaies, etc., provenant d'un ancien temple, d'un aqueduc, d'un cimetière, d'un amphithéâtre, dont M. Tardieu a relevé les plans et sur lesquels il a rédigé un mémoire fort apprécié par les savants.

« De là, nous traversâmes une galerie remplie de cadres, contenant des gravures, des peintures, des dessins inédits ayant tous rapport à l'Auvergne. En passant, il me montra une chambre en complet style Henri II : lits à baldaquins, bahut, table, fauteuils, le tout authentique. Puis, disséminées dans toutes les pièces de ce vaste manoir, des toiles d'une véritable valeur. La pièce, spécialement affectionnée par M. Ambroise Tardieu, c'est la bibliothèque. Rayonnée sur les quatre faces, elle est presque uniquement composée de livres et manuscrits rares, véritables outils de leur érudit propriétaire.

« Lui demande-t-on un renseignement généalogique, aussitôt et presque les yeux fermés, Ambroise Tardieu met la main sur le livre, la page, la ligne qui répond à votre demande.

« Le manoir de famille où Ambroise Tardieu s'est retiré pour se livrer à ses laborieuses recherches est admirablement disposé pour ses goûts et ses affections, auprès d'un père et d'une mère qu'il

RÉSIDENCE D'AMBROISE TARDIEU, A HERMENT (Puy-de-Dôme)

chérit et dont les encouragements ont été un des puissants moteurs de sa vie d'écrivain. C'est une ancienne maison ayant cet aspect de solidité et aussi d'austérité propre aux édifices des pays montagneux; elle doit être contemporaine des dernières splendeurs d'Herment, l'ancienne baronnie commandant toutes les montagnes de l'ouest et, maintenant, réduite, avec ses 500 habitants et les ruines de sa puissance d'autrefois, aux modestes privilèges de chef-lieu de canton. L'église seule est restée intacte; c'est un monument classé et l'un des plus importants de l'architecture auvergnate du XIIe siècle. Le jardin et la maison Tardieu sont ombragés par la vieille église qui leur donne un aspect monacal propice à la méditation ; et c'est là, comme je le disais plus haut, que l'Historiographe de l'Auvergne, semblable à l'abeille chargée de butin, vient se reposer et classer les trésors recueillis dans ses nombreuses pérégrinations.

« J'ai été heureux de revoir, après quelques années écoulées sans avoir eu occasion de nous rencontrer, l'excellent ami toujours cordial, empressé et dans toute l'ardeur de la jeunesse. Mais en le quittant avec l'espoir de le revoir encore, je n'ai pu m'empêcher de partager ses mélancoliques regrets en pensant à ce que pourront devenir ces belles collections, ce *museum* en un mot, qui ferait, à lui seul, la richesse d'une ville.

« En attendant la réalisation de ce qu'on a le droit d'espérer, j'ai voulu du moins rendre un hommage public à l'écrivain, à l'archéologue, et attirer sur ses travaux l'attention de ceux qui aiment et cultivent les mêmes recherches pour qu'ils entreprennent, le *Guide Tardieu* en poche, le voyage très facile de Royat à Herment, à travers les cols des monts Dôme et les gorges de Gelles et de la Miouze.

« 25 juillet 1888.

« Em. THIBAUD. »

Ambroise Tardieu est décoré de nombreux ordres étrangers. Personne mieux que lui ne mérite autant toutes ces distinctions. Il est officier du Nicham-Iftikar, chevalier de saint Grégoire-le-Grand, de François-Joseph (décoré à la suite de l'Exposition universelle de Vienne) et d'Isabelle la Catholique. Il a obtenu, par exception unique, dans le Ministère de l'Instruction publique, la grande médaille à l'Exposition universelle de Vienne (1873) et deux médailles d'honneur de la Société d'encouragement au bien ; de plus, quantité d'autres médailles.

Voici la liste des principales publications d'Ambroise Tardieu :

1° **Histoire de l'abbaye royale de l'Eclache**, in-folio, planches (*Manuscrit*). A obtenu la grande médaille d'or de l'Académie de Clermont-Ferrand, en 1862.

2° **Histoire généalogique de la maison de Bosredon**, en Auvergne, grand in-4° de 426 pages, avec blasons, châteaux, sceaux, etc., 1863.

3° **Histoire de la ville et de la baronnie d'Herment**, en Auvergne, grand in-4° de 248 pages, avec plans, sceaux, blasons, etc., 1866.

4° **Histoire de la ville de Clermont-Ferrand** depuis les temps les plus reculés jusqu'à nos jours. Deux volumes grand in-4°, avec nombreuses planches, 1871-1872.

5° **Ephémérides Clermontoises**, mars à juillet 1871 (*Moniteur des Communes*, Clermont-Ferrand).

6° **Histoire de la ville de Montferrand et du bourg de Chamaliéres** en Auvergne, grand in-4°, avec blasons, portraits, sceaux, maisons anciennes, 1875.

7° **Histoire de l'administration municipale à Clermont-Ferrand**, de 1849 à 1869, in-4°, 1875.

8° **Description générale du Bourbonnais en 1569**, par Nicolas de Nicolay, 1875, in-4° (ouvrage publié par M. le comte d'Hérisson et dirigé par Ambroise Tardieu).

9° **Grand Dictionnaire historique du département du Puy-de-Dôme**, grand in-4°, avec portraits, plans, blasons en couleur, châteaux, carte, etc., 1876.

10° **Grand Dictionnaire biographique du département du Puy-de-Dôme**, grand in-4°, avec 160 beaux portraits lithographiés, 1877.

11° **Histoire de la ville et baronnie de Thiers**, 1878, in-4° (œuvre posthume de M. Hermose Andrieu, publiée et dirigée par Ambroise Tardieu).

12° **La ville gallo-romaine de Beauclair**, commune de Voingt, près d'Herment (Puy-de-Dôme), fouilles et découvertes, grand in-4°, planches en couleur, 1882.

13° **Notice biographique sur G.-M. Chabrol**, jurisconsulte, in-8°, portrait, 1882.

14° **Curiosités de voyages. De Limoges à Clermont et à Thiers**, en 1631. (Extrait et traduction de l'itinéraire d'Abraham Golnitz), in-8°, 1882.

15° **Pontgibaud en Auvergne** (la ville, le château, le comté, les mines), in-8°, 1882.

16° **Notice sur la clef de Saint-Hubert d'Aurières** (Puy-de-Dôme), in-8°.

17° **Généalogie de la maison du Plantadis**, in-4°, blasons en couleur, 1882.

18° **Montrognon** (le château, les seigneurs), in-8°, 1883.

19° **Les Thermes gallo-romains de Royat** (Puy-de-Dôme), Rome, 1883, in-8°.

20° **Le Mont-Dore et la Bourboule**, in-12°, avec photogravures, 1884.

21° **Trois mois à Venise**, 1884, in-8°.

22° **Dictionnaire des anciennes familles de l'Auvergne**, in-4°, blasons en couleurs, 1884.

23° **Voyage en Autriche et en Hongrie** (avec illustrations), 1884, in-8°.

24° **Dictionnaire iconographique des Parisiens**, in-8°, à deux colonnes, portraits, 1885.
25° **Voyage archéologique en Italie et en Tunisie en 1881**, in-4°, gravures, 1885.
26° **Voyage artistique en Espagne**, avec 14 photogravures, in-4°, 1885.
27° **Histoire abrégée et populaire de la ville d'Herment**, 1885, in-16, gravures.
28° **L'Auvergne** (Puy-de-Dôme), *Guide complet illustré*, in-16, avec 200 gravures.
29° **L'Auvergne illustrée**, 1886-1888, in-4° (450 gravures).
30° **A travers l'Europe et l'Afrique**, in-4°, 1888, gravures.
31° **Histoire illustrée des villes d'Auzances et de Crocq**, in-16, 1888. (Avec M. A. Boyer.)
32° **De Paris au Sahara** (par Alger, Constantine, Batna). Guide archéologique, in-12, 1890.
33° **Histoire illustrée de la ville et du canton de Saint-Gervais d'Auvergne**, in-16, 1892, nombreuses gravures. (Avec M. Madebène.)
34° **Histoire généalogique de la maison de la Roche du Ronzet**, in-4°, blasons, 1892.
35° **Sources du Nobiliaire d'Auvergne**, 1892, in-12.
36° **Histoire généalogique des Tardieu**, 1893, in-4°, 42 portraits, blasons, etc.

Ambroise Tardieu a collaboré, comme archéologue, à divers journaux et revues : l'*Art*, la *Revue lyonnaise*, la *Curiosité*, le *Moniteur du Puy-de-Dôme*, la *Dépêche du Puy-de-Dôme*, le *Petit-Clermontois*, etc , etc. Il a rédigé un grand nombre de généalogies manuscrites, d'Auvergne, illustrées par lui avec des lettres du moyen âge (en or et en argent), etc. Il a, en *manuscrit* : 1° *Dictionnaire biographique des personnages nés à Paris* (7.000 notices) et 2° *Iconographie de l'Auvergne* (avec 150 portraits curieux, réduits ou reproduits en fac-simile) et 3°, enfin, des notes et documents (accompagnés de portraits, vues de châteaux, etc.) formant le projet d'un ouvrage intitulé : *Livre d'or de la Haute-Marche illustrée* (département de la Creuse).

MACON, PROTAT FRÈRES, IMPRIMEURS

www.ingramcontent.com/pod-product-compliance
Lightning Source LLC
Chambersburg PA
CBHW060621050426
42451CB00012B/2366